JUIN,

ET

 **JUILLET 1814.**

Lᴇꜱ Annales de la France ne présentent rien de plus singulier que la position où elle se trouve en juin 1814 (1). Rien n'est terminé,

(1) Celui qui vit hors du théâtre des événemens parle toujours trop tard. Il doit se borner presque à éviter les erreurs. On n'attend de lui que de la bonne foi; c'est une raison de plus pour qu'il déclare ouvertement ses sentimens. Je dirai donc que je suis très-peu disposé à regretter le dernier Gouvernement tel qu'il était, ou même à désirer un avenir vague entrevu au milieu des orages; mais que j'ai peine à croire qu'une paix si triste et une Charte si vaine satisfassent où la France, ou le prince même.

Je ne veux ici que des choses, et je ne m'arrête pas au choix des termes. Au reste, ceux qui n'ont d'amour que pour les mots, seront contens de moi au premier moment.

I

rien n'est établi, tout est sans consistance, parce que rien ne peut soutenir un examen sérieux. La guerre ne se fait pas, mais on ne peut comprendre le motif d'une suspension d'armes qui a pour effet de donner à l'étranger plus qu'il n'avait, et de le laisser se retirer sans inquiétude. Il existe une ordonnance, mais elle ne peut être nommée constitutionnelle que par ceux qui, ne sachant pas le français, appellent les mascarades de la Fête-Dieu une solennité imposante, Georges un martyr, les Anglais les libérateurs de la France, la petite Chambre une représentation nationale, une trève inconsidérée la paix universelle, et François un prince qui fait de vertueux sacrifices. La maison de Bourbon est ici, et elle commande ; mais je ne sais si elle gouverne. On gouverne au dix-neuvième siècle d'après une vraie constitution ; or, quel

Je prépare un volume du style le plus riche et le plus soigné sur les beautés inépuisables du vers *Monstrum....* *ingens, cui lumen ademptum.* Dans une note pleine d'érudition, je proposerai quatre-vingt-dix-neuf manières de prononcer ce fameux vers ; et, dans mon discours tout académique, pour me conformer à la force d'esprit de cinq cents amis des belles-lettres, je prouverai que *monstrum*, c'est Napoléon ; j'ajouterai *cui ademptum* dans l'île d'Elbe, etc. ; etc.

rapport y a-t-il entre un papier accordé par le Roi, et une constitution, entre un cadeau royal et une base politique? Il manque donc à la France, et un gouvernement légitime, et des armées ou une paix réelle, et des alliances, et une frontière. Elle est sans sécurité, elle est presque sans espérances.

On ne peut revenir maintenant à la politique du quatorzième, ou même du dix-septième siècle. Il s'agit moins d'observer le passé que de connaître les besoins présens, ou de s'obstiner à vénérer ce qui n'est plus que de choisir et d'aimer ce qui doit être.

Et ne dites point que toute idée républicaine étant chimérique dans les grands états, il faut bien que les esprits justes se rapprochent de l'ancien état de choses, et qu'insensiblement on imposera silence aux novateurs. Les novateurs, ce sont les Européens nés depuis un demi-siècle. Voyez, calculez si la génération des vieillards fera taire et celle des hommes, et celle des jeunes gens. Je parle de l'Europe, et non de la France seule, non seulement parce que les Espagnols, les Allemands, les Italiens sont à demi-Français, mais plus encore parce que si des constitutions républicaines sont chimériques dans un grand pays entouré de grandes monarchies, elles deviendraient possibles dans dix pays populeux qui les adopteraient en même temps, et qui seraient parvenus au même degré de civilisation. Amis du servage, et des cachots, et des miracles, courtisans des Pompadour ou des Richelieu, vous pouvez rire de la France républicaine entre la marine anglaise, l'empire du Danube et le colosse du Wolga ; soyez prudens toutefois, prenez garde de voir, avant de mourir, l'Europe républicaine, et de n'y trouver alors rien de risible (1).

Dans le mois de mai, l'on a chargé le journal.... de publier sur la paix les réflexions les plus propres à exciter le mépris dans un pays éclairé. Entr'autres mauvaises plaisanteries, on y prétend que si la France avait ses limites naturelles, elle serait le seul pays qui pût jouir de cet avantage. Cependant la Turquie en aurait d'aussi marquées en Europe ; celles de la Suède et de la Bohême le seraient également ; celles de l'Italie, qui devrait être indépendante des étrangers, le seraient davantage. L'Océan enveloppe la Grande-Bretagne : et si l'on suivait les limites naturelles, le Portugal étant joint à l'Espagne,

____

(1) Ce ne serait jamais la vraie république, mais ce ne serait plus la monarchie.

cette péninsule aurait presque les avantages d'un pays insulaire. On voit aussi dans ce journal (le 22 mai), une grosse faute d'impression. Nos conquêtes, y est-il dit, n'étaient qu'apparentes ; *lisez*, n'étaient pas faites par un Bourbon. Il y a deux ans, lorsque la France était puissante et l'Angleterre inquiète, ces conquêtes avaient quelque réalité, bien que la paix générale dût ensuite engager la France à renoncer à une partie de ses prétentions. On assure maintenant qu'il fallait que cet édifice gigantesque s'écroulât ; c'est juger d'après un événement qui a tenu à des circonstances fortuites. Malgré les moyens connus d'entraîner une partie des hommes qui sont à la tête des affaires, Napoléon régnerait encore si l'on avait échoué dans l'incendie de Moscou, ou si, voyant qu'une pluie d'or avait détruit ses quartiers d'hiver, il s'était retiré plutôt dans un pays sûr, dans la triste Pologne.

La paix en livrant Anvers ! Quelquefois quand un prince signe, une nation proteste.

La seule paix réelle, ce serait celle qu'on eût pu signer à Londres. Non qu'assurément il fallût songer à détruire l'Angleterre, mais on eût fait brûler une partie de ses vaisseaux. L'un des premiers articles de la paix universelle eût été celui-ci. « La mer ne pouvant être ni cultivée, ni possédée, la mer étant la seule voie réellement publique, la prétention à l'empire de la mer sera regardée comme une déclaration de guerre au monde civilisé. Une grande supériorité maritime, moyen trop facile d'agression par toute terre, est incompatible avec l'état de civilisation, et le désir général de la paix. L'Europe déclare que toute puissance européenne, ou soumise à l'ascendant de l'Europe, aura un nombre de vaisseaux de ligne proportionné à la population de l'Etat. Mais on suivra une proportion plus favorable pour les puissances insulaires qui doivent plus particulièremen soutenir un commerce étendu. L'Angleterre pourra donc avoir, comme la France et la Russie, jusqu'à cent vaisseaux de ligne. »

Dans le prétendu acte constitutionnel, dans le réglement royal (1) en soixante-seize articles, il est dit : « Nous avons volontairement et par le libre exercice de notre autorité royale, accordé.... tant pour nous que pour nos successeurs

____

(1) Sur l'imperfection de ce réglement, voyez l'écrit intitulé, *Nouvelles Réflexions d'un royaliste constitutionnel.*

et à toujours......» (Voyez aussi l'art. 74.) Il n y a pas moins d'inadvertance que de faste dans cette phrase du dix-septième siècle. Car si vous agissez de votre propre volonté absolue, de votre autorité royale et libre, comment pouvez-vous lier vos successeurs dont l'autorité doit être libre également, puisqu'elle sera également royale? Évidemment un autre Roi pourra retirer ces concessions. Ce qui paraît donné au peuple par votre bonté, lui est donc tout au plus prêté. Si le peuple entier se plaint de n'obtenir que de votre générosité la jouissance de ses droits, il ne s'attache pas à de vains mots, car votre successeur pourra cesser de lui faire une telle grâce. Au contraire, lorsqu'un peuple adopte une constitution, bien qu'il puisse la changer ensuite, la sécurité est entière, parce que ce changement que fera l'État même ne compromettra les droits de personne; à moins peut-être qu'un prince, un homme, un individu, n'ait des droits sur une nation, c'est-à-dire contre une nation, objection à laquelle je n'aurais rien à répondre, parce que je n'y comprendrais rien.

On a donc entraîné le Roi à de fausses démarches, on lui a fait tenir un langage suranné, l'on a rendu plus difficile encore la position difficile

où il se trouvait naturellement. L'homme d'E-
tat qui connaissait très-bien en mars les affaires
invisibles de l'Europe, ne pouvait-il ensuite, en
parlant au Roi, lui expliquer la France ? Ce n'est
pas le tout, après vingt années tortueuses, de
devenir, en ouvrant la porte, un ministre irré-
prochable ?

On ne pouvait lutter contre l'éclat du règne
précédent que par une profonde sagesse, et
contre la force qui avait tout contenu que par un
noble abandon qui conciliât tout. Dans quelque
temps que ce soit d'ailleurs, il faut être ou ab-
solu, ou juste, car il faut être homme pour
commander à des hommes ; une autorité incer-
taine, jalouse, soucieuse, qui retiendrait tout ce
qu'elle pourrait garder, et céderait seulement
ce qu'elle n'oserait retenir, une telle autorité
changerait en quenouille le noble sceptre de
Charlemagne.

Quelle valeur reste-t-il à des concessions faites
de mauvaise grâce ? Et qui peut croire, par
exemple, à la liberté des cultes et de la presse,
et à l'indépendance réelle de je ne sais quelle
Chambre un peu législative, sous un Roi qui
est roi par la seule grâce de Dieu, et qui même
a été roi durant dix-neuf ans sans que la grâce

se manifestât? Tout ceci est disparate. Dans l'équité, dans la bonté, dans la raison, il y a toujours de l'accord; dans la faiblesse et dans une politique dissimulée (celle qui a perdu l'Europe), il n'y aurait que des contradictions.

Maintenant le Roi, voyant de plus près les hommes et les choses, le Roi désabusé ou mieux conseillé, ne pourrait-il revenir sur ses pas, et préférer, comme plus d'une fois Louis XVI voulut le faire, les mouvemens d'un cœur magnanime à de dangereux systèmes? Sans doute cette démarche compromettrait la dignité royale si elle était mal faite, mais il est toujours quelque moyen d'agrandir ce qui est bon en soi-même.

Il n'existe encore aucun parti assez puissant pour que le Roi paraisse céder à la contrainte, comme on l'a pu dire pour atténuer le mérite de l'assentiment de Louis XVI. Pourquoi donc le Roi ne ferait-il pas ce que fit son frère à une époque qui l'exigeait moins impérieusement peut-être? Ce n'est point l'adhésion de Louis XVI qui l'a perdu, mais la résistance tardive, inutile et maladroite qui lui fut ensuite conseillée, soit par sa cour, soit par sa famille. Sans doute l'on eût pu changer quelque chose à la constitution de 91. Si, par exemple, elle eût donné au Roi la faculté, limitée toutefois, de dissoudre au besoin l'assemblée des représentans, probablement cette constitution n'eût pas été changée, les funestes convulsions de la France et de l'Europe n'auraient pas eu lieu, et la France serait heureuse aujourd'hui.

Ne pourrait-on pas réunir ainsi les désirs de la maison de Bourbon et les besoins de la France actuelle? On établirait légitimement une constitution qui, par la nature des choses, se trouverait analogue à celle de 91. Mais il ne faudrait pas dire que l'on rétablit celle de 91; car on ne rétablit point ce qui est entièrement détruit. Autrement, pourquoi ne songerions-nous pas aussi à rétablir les départemens de l'Elbe et du Tibre, cela est moins loin de nous?

Je suppose au 14 juillet (un quart de siècle s'étant écoulé depuis le moment le plus mémorable des premières époques d'une révolution dont le terme et le dernier résultat sont encore douteux), je suppose le Roi déclarant que tout ce qui a été fait à son arrivée était soumis à ces premières circonstances et ne le satisfaisait pas lui-même, que connaissant mieux chaque jour le vœu des Français pour l'ordre public et le repos intérieur, mais aussi pour la force et la dignité de la France, il hâte le moment où il avait pensé que l'on pourrait tout constituer, et qu'ainsi l'on procédera dans tout le royaume à la nomination de représentans chargés de rédiger une constitution conforme à la disposition générale des esprits dans une grande partie de l'Europe (1).

Le Roi ne dirait pas, cette invitation est volontaire de ma part. On sentirait assez qu'il ne la ferait pas en juillet s'il n'était un excellent prince et un homme sage ; et d'ailleurs il n'aurait besoin que de la faire simplement et sincè-

(2) Je ne ferai qu'une observation particulière sur la constitution que je suppose. D'après ce principe, que les propriétaires ont un intérêt plus particulier à la conservation de l'Etat, on écarte des élections tout homme qui n'est pas ce que, dans les provinces du moins, on appelle un homme riche. Mais que d'individus tiennent au bien-être de l'Etat par d'autres liens que par la propriété ! Maintenant, d'ailleurs, les grands propriétaires ne sont pas ceux qui ont le plus à redouter les troubles ; il paraît que quand ils vendent l'Etat, leur fortune est loin d'en souffrir. Presque tous les hommes accessibles à l'or des étrangers, sont des hommes riches ; il faut éviter d'ailleurs ce qui favorise la passion des richesses. D'après ces considérations que je ne développe point, je pense que le mode d'élection pour la représentation nationale, devrait surtout écarter, autant que possible, les hommes qui auraient occupé des places éminentes, ou que l'on saurait posséder ces grands moyens pécuniaires, qui donnent trop d'influence dans les délibérations, etc.

rement pour occuper à jamais dans l'histoire une place très-honorable. Nul doute alors que le Roi ne conservât le trône, et ne reçût des Français, à la place du nom de *Prince désiré*, un autre titre plus cher encore et plus décisif.

On a observé, non sans quelque apparence de raison, que le prince qui occupe le trône en ce moment, devrait se nommer Louis XVII et non Louis XVIII. Plus exactement encore il ne se nommerait ni Louis XVII, ni Louis XVIII; bien qu'il soit de la même famille que la troisième dynastie, il commence une dynastie nouvelle. Nous ne pouvons, je le répète, rétablir, comme une suite du passé, ce qui a été formellement aboli. Autrement, il faudra chercher un descendant des Mérowingiens. Si l'on dit que cette manière devoir, trop rigoureuse, ôterait au Prince actuel tous ses titres, je répondrai qu'il était cependant très-naturel qu'il régnât; amené par l'étranger puissant alors dans nos provinces, il était le seul individu sur lequel tous les regards pussent se réunir promptement.

On s'est dit, la France a été, pendant un règne ou deux, assez heureuse avant la révolution (heureuse quant à la classe privilégiée, qui seule, à son propre avis, est vivante sur la terre, pour le bas peuple qui végète plus ou moins tristement, cela ne s'aperçoit guère dans l'histoire); on s'est dit, la France a eu quelque prospérité lorsqu'elle était royaume, maintenant elle a de brillantes prétentions, mais elle est excédée de fatigue ; en reprenant nos vieilles frontières, nous aurons donc et du repos et des avantages modérés qui nous suffiront, puisqu'ils nous suffisaient ; conclusion que je croirais de Charenton, si je ne songeais qu'elle peut venir de Bedlam. Le temps n'est plus où la Pologne existait, et où l'Angleterre ne régnait pas sur toutes les côtes du globe. L'Angleterre est très-puissante par l'industrie ; si donc la France n'est pas puissante par les armes, elle sera livrée à de nouveaux bienfaits britanniques. La France s'endormant dans ses limites d'un autre siècle, et exposée à recevoir des insultes, même de la Prusse, serait, pour le monde, un spectacle ridicule (1). Il lui resterait, de la victoire des Pyramides, une bonne carte d'Egypte, de l'alliance jurée sur le Nié-

---

(1) Les mers nous sont ouvertes. On prendra des passe-ports anglais pour aller visiter quelques ruines françaises dans l'empire anglais des Indes, et l'on relâchera à l'île de France sous le canon anglais.

men, un *Te Deum* grec sur la place de la Révolution (1), et de quatorze cents ans de monarchie, le désir d'une constitution différente.

L'habitant des Vosges.

29 juin 1814.

(1) Si, dès le principe, Napoléon n'avait pas méconnu
les forces morales, s'il n'avait pas visiblement toléré les
abus, s'il n'avait pas laissé les Français se rendre odieux
aux peuples allemands, etc., malgré, la honteuse cor-
ruption de tant d'hommes en place dans l'Europe, malgré la facilité qu'ont les Anglais de débarquer partout
avec de l'or, Napoléon n'aurait pas vu l'étranger dans
les plaines de la France, nos vingt amis n'auraient pas
marché, je ne dis point sur Paris, mais vers Paris. Il
fallait que le continent fût certain qu'on ne voulait autre
chose que forcer l'Angleterre à une véritable paix générale, c'est-à-dire, à une paix dont les grandes puissances
espérassent et désirassent la durée.

S'il était vrai que l'incendie de Moscou fût l'ouvrage
des étrangers, sans le consentement du monarque russe,
ce serait une faiblesse surprenante, de la part de ce
prince, de se montrer à Londres, et d'y recevoir des
complimens pour avoir ensuite bien accompli..... ses
desseins. Ce prince, si aimable, serait-il plus vain que
grand? Lorsque à Tilsit, l'un des deux empereurs se
disait : Ceci est surtout à mon avantage, l'autre ne disait-
il point : Ceci durera peu?

A Paris, chez les Marchands de Nouveautés.

www.ingramcontent.com/pod-product-compliance
Lightning Source LLC
LaVergne TN
LVHW051018060726
842524LV00007B/2680